EL SILENCIO DE TUS PALABRAS

DE MI A TRAVES DÉ TI

JUAN LUIS MBA N.

Index

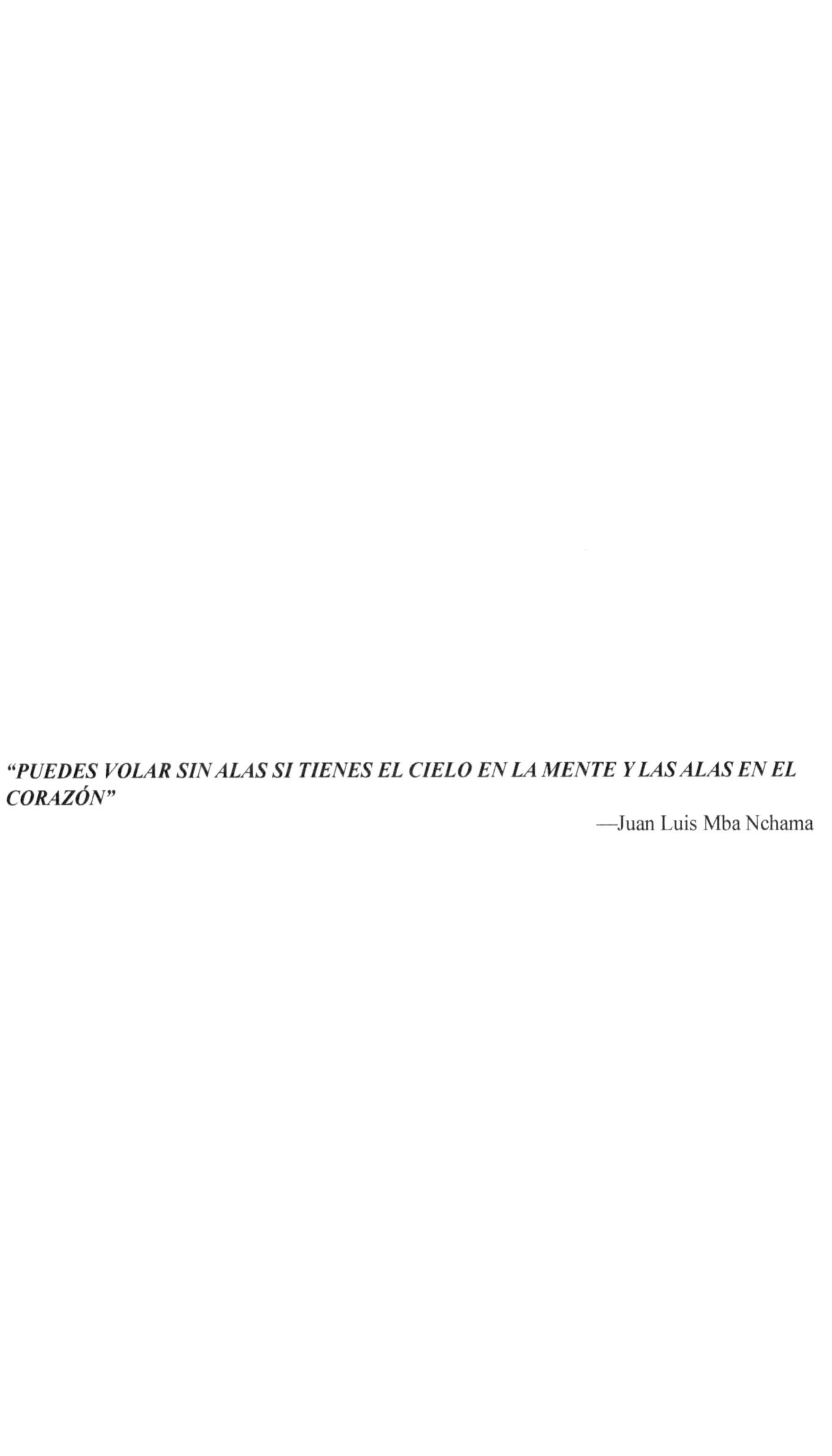

"PUEDES VOLAR SIN ALAS SI TIENES EL CIELO EN LA MENTE Y LAS ALAS EN EL CORAZÓN"

—Juan Luis Mba Nchama

Ámame

Ámame de la forma correcta.

Ámame sin esperas y con respuesta.

Ámame estando contenta o molesta

Ámame cuando podemos despilfarrar sin control,

al igual que cuando estemos en la pobreza.

Ámame de frente, sin escondites.

Ámame aunque no te lo permiten.

Ámame con entereza y con fisuras.

Ámame como nunca más me amará ninguna.

Ámame en la salud, en la enfermedad y en la

espiritualidad.

Ámame cómo puedas, sin perfecciones, pero que

siempre sea de verdad.

Ámame durante el silencio y entre ruido.

Ámame cuando estemos desvinculados a la par

que cuando estemos unidos.

Ámame junto a Dios, ámame por quien soy.

Un torpe, un bruto, un tullido, pero teniéndome

así... Me hace saber que me quieres por mi

corazón.

Aquí está

Aquí está, su precio material es de cero cifras.

Es real, está fresco, tierno y es íntimo e inocente… Así
como se mueve y palpita.

Aquí está;Así como siente no existir, quiere que para
alguien exista.

Estima ser real, añora ser igual, pero falla cuando todo lo
idealiza.

No quiere que las historias pasadas se repitan, pero se
esconde en vez de buscar luz y esto lo sensibiliza…

Si lo consideras profundamente, cuida de él por mí.

Tiene sentimientos hacia ti, dudo que se te resista.

A veces no se sabe expresar, por favor ten paciencia,
porque tampoco es nada conformista.

Cúrale las heridas de su pasado y presente para que en el
futuro contigo aprenda a ser optimista.

Necesita elocuencia, ser menos penalista, necesita
decencia y ser menos pesimista.

Necesita más cariño, cuidado e intimidad sana para así
evitar ser tan públicamente camorrista.

Aparenta ser escrupuloso cuando en verdad busca ser
valorado y tener a alguien valioso.

Es celoso, caprichoso, preocupado y muchas veces
vanidoso, pero, cuando se desnuda por lo que se le
desaparece lo frío, lo airoso, lo tenebroso.

Para dejarse ver cómo es, algo miedoso, cariñoso y
bondadoso.

Aunque no le ayude la forma de demostrarlo a menudo por

ser tan escandaloso.

Sí, es verdad que es muy soñador y que su imaginación le divide entre verdad y sus aires de surrealista.

¿Pero a quién no le descubrieron profundas dolencias en su ser y se volvía argumentista?

¿Quién hasta ahora por esas cicatrices no es absolutista?

¿Quién no se volvía hasta ahora extremista?

Y aun teniendo que ser dividido para estar contigo, el ser caprichoso hará que quiera ser el protagonista.

Aquí está tú de cargo como lo querías.

Junto a el Dios os dé paciencia, Dios os dé fuerza.

Dios se os revele a los dos y que sea él quien os vista.

Que sea él quien insista, que sea él quien os mude a un nuevo y solo ser, pues todo lo viejo y feo quita.

En cuanto a tu encargo…

Te hará algún que otro desaire.

Asemejará que oras, luchas y te esfuerzas en balde.

Parecerá que no quiere hogar, que es más colindante a la calle.

Haz tu deber, cumple tu parte, no falles.

No serás precisamente la razón, ten paciencia…

Si le confías a Dios este paquete que hay dentro de su carne y que aguarda su alma… Los buenos detalles se volverán grande… Pero todo amor requiere sacrificio, dolor, sudor, lágrimas y sangre.

Aquí está tu encargo; Ahí lo cuides, lo solapes y lo nutras.

Ahí los valores, lo enamores y te encante después de que tanto sufras.

Ahí os descubríais, os protejáis y os améis como nunca.

Ahí descansáis en paz después de tanta lucha.

La malqueria

Malentendida, malvivida, malherida, malquerida

Muéstrame tu cara.

No la física ni la surreal, sino la de verdad.

Te prometo que yo sí la voy a saber apreciar.

No te ciñas, no me encierres, déjate amar.

Yo no soy ellos, yo no quiero jugar, no te quiero usar.

Yo soy yo, valoro conectar, quiero estimular, quiero

edificar.

Eso es lo que pienso, eso es lo que digo, pero siempre te

puedo demostrar más.

"Malquerida" te dicen, mal te han intentado querer.

No todo hombre sabe amar a una mujer.

Entiendo que estés cansada de dar

totalmente, acepto que no puedas volver

estar enamorada para ti es un constante juicio.

Negar tus sentimientos ya es un vicio

¿Pero por qué lo tengo que pagar yo con tu gran

desprecio?

Siempre negativamente pensativa en el amor.

Sé que tienes fuertes heridas en el corazón.

Pero lo que un clavo dejó, otro sacó y ese quiero ser yo...

Hola, niña malquerida, ¿Qué sería?

¿Que sería si yo fuese aquel?

¿Aquel que te motive a vivirte y a vivir?

¿Aquel que te podría hacer olvidar?

¿Podrías pasar página para que pueda ser yo tu libro?

Niña... pero que ¿Qué te hicieron así?

¿Por qué precisamente a ti?

La malquerida te llaman, pero querida...

Al menos, de mí, sí.

Más que querida, amada, pero...es tu derecho a elegir.

Dicho, hecho, hablado y sentido...me tienes aquí.

Si algún día me buscas porque duda y quieres saber

realmente de mí y ponerme aprueba...

Estaré aquí.

Separada de tu familia, desconectada del exterior,

desconociendo cada vez más a tus amigas por su insana

obsesión.

Miras fijamente al horizonte dudando si llegarás a ver la

luz del alba.

Dolorida de corazón, dudosa de tu capacidad, temerosa de

encontrar una nueva ilusión, pues él siempre la va a

fastidiar.

Sabes cómo lidiar con sus vicios, no tienes por qué... él no

te valora, sal de esa celda, nunca fue tu sitio y deja que él

tenga su juicio.

Tú lloras, él ríe.

Óyeme tú, niña malquerida;

dura como el hierro, déjame derretirte con mi calor.

Me escuchas, pretendes ignorarme, pero en tu corazón

dudas

No sabes si lo que digo es verdad, si lo siento o no.

¡Eh! Te estoy haciendo dudar... eso significa que hay vida

en tu interior.

Que en realidad tienes sentimientos.

Tatuaje

Pegarte a mi piel como obra de arte como tatuaje,

que cuando te vean alucinen por el arte de la imagen.

pues no será por la táctica de dibujarte.

Ya que no soy artesano, pero tener dibujada en mi piel es

un arte sano.

No soy artista por haberte tatuado, tú eres la

personificación del arte.

Ya sea con luces y/o a oscuras, vestida o simplemente

desnuda, debo tatuarte… Pero no sé en qué parte.

¿En las costillas mías de donde partes?

¿En la palma de mi mano para siempre palparte?

¿Cuál es la mejor parte del cuerpo para tatuar?

¿Sabes qué? Da igual, no me voy a tatuar.

¿Para qué? ¡Si no es necesidad!

Si mi cerebro me proyecta tu imagen cada 7 segundos,

Mi cuerpo reacciona a esto con calor y sudor

para que tatuarte en mi piel.

Si ya te tengo tatuada en mi corazón

¿Para qué publicar tu imagen a la luz?

¿A quién quiero impresionar si todo lo que tengo marcado

eres tú?

Como tatuaje te marcaste en mí la primera vez que te vi y

como tatuaje te vas a quedar.

El amor no es físico, tampoco mis sentimientos por ti.

Te quedaste tatuada en mi corazón y en mi alma

ya estás en mi interior, para mí eso ya es ganar.

De mi a través de ti

Te escribo porque haciéndolo como lo hago ahora se me

tensaría el cuerpo.

Te escribo porque de alguna manera debo esperar mis

sentimientos y se me agota el tiempo.

Te escribo, aunque me aborrezco en el proceso por no

decirte todo esto de frente, te lo prometo.

Te escribo de mi puño y letra… Es decir… A mano, como

de esa forma, te entrego mi corazón.

Te escribo con letras, pues hay muchas palabras afectuosas

que describirían lo que siento por ti, pero la resumida se

llama "amor".

Te escribo, pues una bestia se ha dado cuenta de que ha

encontrado no solamente a Bella, sino a la misma belleza

Te escribo en una sola frase, pero a veces llego a infinidad

de sonetos.

Quizás seas mi musa, eso explica tu causa y efecto.

Lo siento, no me eches la culpa.

Es tu ser, tu cuerpo y esencia que forman parte de mi

universo.

En el que te escribo con múltiples versos cada día hasta

que me acuesto.

¿Con qué propósito te escribo esto? Te escribo por:

Si algún día llegas a estar amargada, yo te traeré dulces.

Si llegas a estar sosa, te prestaré y transmitiré mi salero.

*Si estás, te encuentras rodeada de malas compañías, me
ofrezco a ser tu buen compañero.*

*Si te sientes como una princesa desterrada,
voluntariamente me ofrezco a ser tu caballero y como tal
entregarte todos los reinos.*

*Si no te sientes querida, sino malquerida, dímelo, así
tendré la oportunidad de decirte que yo te quiero.*

*Si te ves perdida, yo con placer y honor te ofreceré mi
dirección.*

Si continúas perdida, no te preocupes, ya te encuentro yo.

*No me parece justo que estés sola en esto, no tiene que
salir de ti un "me fui", pues en mí no habrá un "me voy"
Hagámoslo juntos, así en vez de dos "me voy" que sea un
"vámonos".*

*¿Eso será cuando el amor nos separe, por ahora?
Disfrutémoslo.*

*Porque de verdad amo la manera en la que me amas, como
en el pasado no me amaron y ahora tampoco me aman ni
me amarán, por eso siempre me era difícil amar, pues de
haberme amado hoy yo amaría con amor, pero por fortuna
te encontré y te amaré con todo mi ser, pues ya amé.*

*Toque mucho o poco recibo luz en tus ojos cuando todo mi
yo estoy en la oscuridad.*

*esté loco como dicen muchos, sé que tú eres mi realidad,
tenga mucho o poco tengo a un alma
¿Quién quiere vanidad?*

Tenga lo que tenga no se compara a lo que me das, mi

mujer.

Es así... O amenos lo es para mí.

Tú sin mí, yo sin ti= a fin.

Yo contigo, tú conmigo=vivir.

No soy yo sin ti, no eres tú sin mí

por eso me identifico contigo: Ya que veo mucho de mí

atravesando de ti.

Quizás seas mi alma gemela, no lo sé, pero este sí:

Te quiero conmigo hasta nuestro fin. Cuando te veo a ti me

veo a mí

veo más de mí a través de ti. Verte feliz me hace sonreír.

Verte fuerte me hace resistir, verte junto a mí me hace

rendir.

Recuérdale al amor

Recuérdale al amor que eres…

Mi corazón caminando fuera de mi interior,

mis latidos sentidos en otro pecho.

Mis labios perfectamente dibujados en los suyos... Con sus

besos... Qué dolor.

Antes que compartamos lecho, quiero decirte esto:

Quiero recordarte que mi amor por ti no lo compré, no lo

fingí ni lo maquillé, más bien de mi corazón nació.

Que hasta hace poco no lo conocí, pero a más de

convencerme, me cautivó.

Que no sé como empezó, con despecho lo vi en los demás,

con desesperación lo quería en mi cabeza, y me da miedo

ahora que me tocó.

Yo sé que eres una malquerida, pero para bien te quiero yo.

Con tus heridas, tus avergüenzas, tus inseguridades y tu

dolor

porque ni él ni ellos soy yo.

Con esto quiero añadir que conmigo no tendrás que

defender lo que es tuyo

porque al ser tuyo sé a quién le pertenezco

y por eso:

Si acabamos de empezar, empecemos por no acabar.

Si nos acabamos de conocer, no acabemos de conocernos.

Que si hoy estamos aquí, es para juntar ni no separar.

Que si tienes miedo y se convierten en pesadillas, yo seré

parte de tu sueño.

Que me tienes enamorado perdido y que sin ti a mi

lado...no puedo.

Es normal que sientas miedo, pues sientes…

Pero los sentimientos vienen y van, las decisiones

permanecen, he decidido amarte, porque así debe ser y así

quiero.

¿Te desnudo o te quito el velo?

¿Me das el anular o espero?

Todo depende de ti,

si es un "No" un

"Sí quiero".

Lo que se perdió

-¿Qué se te ha perdido?

+El corazón

-¿Qué es lo que no encuentras?

+La razón

-¿Qué debes hacer?

+Encontrarlo y sincronizarlo con mi ser

-¿Por qué Crees eso?

+Porque me vale más a mí que a cualquiera

persona a la que sé lo dé.

-¿Tú crees? ¿Por qué?

+Por qué entonces no lo estaría buscando, sino

compartiendo y como hasta ahora no ha podido

ser, lo usaré para aprenderme a querer

-Decepcionado y ocupado buscando a tu media

naranja.

Una pregunta, semilla ¿Ya pasaste el proceso de

tiempo que conlleva el crecimiento para al menos

llegar a convertirte en azahar? ¿O al menos echar

raíces en el subsuelo para mínimamente brotar de

la superficie?

Eso sin mencionar el estado de madurez necesario

para tener frutos y ser una naranja.

¿Podrás?

Te escucho decir que quieres conocerme.

¿Cuánto de mí crees que puedes contener en ti para tenerme?

¿Cuánto de mí puedes descifrar para correctamente leerme?

¿Estás dispuesta a dejarte caer para sostenerme?

¿Podrás aguantar cuando yo ya deje de soltar?

¿Podrás mantenernos cuando yo vaya a fluctuar?

¿Me vas a poder liberar cuando la soledad me vaya a atrapar en mi oscuridad?

¿Podrás iluminarme cuando yo mismo por mi actitud te vaya a apagar?

¿Podrás encontrar antídoto a para resistir y sobrevivir en mi toxicidad?

¿Podrás solucionar el arrastre de desastres que conmigo traigo?

¿Podrás ser la sastra que cosa y apañe este cuerpo desfigurado, este ser desnutrido de amor con su hilo?

Adelante… Sorpréndeme ¡Hazlo!!

¿Una persona tan oblicua como yo? ¿Tiene posibilidades en tu corazón?

Digamos que soy neutro y me involucro en este asunto.

¿Realmente crees que podríamos ser un mismo producto juntos?

¿Cuál es tu lucro?

¿Qué te hace pensar que va a ser pulcro?

No quiero que en el futuro me vayas a culpar

Aquí tienes elección, no vale solo con desear, querer o amar.

Dime…

¿Podrás?

Opuestos

Te echo de -

Pero lo nuestro era de +

Probablemente porque éramos =

Volamos hacia ⬆ para acabar hacia ⬇

Nuestros pasos no eran estables y por un paso hacia

adelante, dábamos 500 atrás

No nos podemos culpar.

Mirábamos al horizonte juntos, más el mundo nos

visualizaba en vertical.

Éramos fábula contra verdad, orgullo contra humildad,

acción contra palabra.

Un nuevo álbum con canciones grabadas en las que

estaban las mismas promesas que a nuestras esperanzas

dañaban.

Éramos silencio y ruido, vulnerabilidad contra inmunidad.

Alguna vez quisimos ser moldeables, pero nos podía la

tenacidad.

Tú eras el huracán, yo era la calma, yo era el de cesar, tú

la de las ganas.

Tú eras la del "Hoy sí" mientras yo el de "hoy no,

mañana"

Yo me quedaba pensando, tú actuabas, tú callabas, yo

hablaba.

Yo oía y tú escuchabas… Pero nadie arreglaba.

Tú estabas cuerda, yo por todo perdía los cables, idem no

era a mal, es que a ti intentaba conectarme.

Yo soy hombre, tú eres mujer… Que cosas.

Aún siendo opuestos… Sigo intuyendo que alguna vez

deseaste que yo fuera tu marido y que tú fueras mi esposa.

Éramos estrellas que no podían brillar a la par.

El amor no era suficiente y por espacio, descubrimos tanto

de ambos que por conocernos de memoria nos pudimos

cubrir.

Por no medir las consecuencias pasamos de flotar en la

dulzura de nuestros sueños, a estar suspendidos en la

gravedad de la amargura y dejar de volar para

arraigarnos con la realidad.

Hice memorias contigo y ahora solamente te recuerdo en

mis memorias.

Te convertiste en memoria en una relación de corta

historia.

Eres despreocupadamente atenta; eres infinitamente mi

meta; eres perfectamente imperfecta, eres torpemente

correcta; eres tímidamente sinvergüenza; eres

extrovertidamente tímida... eres... una realidad a la que

lamentablemente nunca me despierta.

Solo sexo

La abrió sus sentimientos con versos y respondió con un beso, pero quería más que eso, lo que respondió que:
"Los cuentos son contados, el sexo es tocado. Hacer el amor no nace amor y por eso el sexo es mi trabajo, mi pasatiempo y mi regalo"
Por el contrario, él dijo:

"Sentir es de humanos, querer es un derecho, aceptar es sagrado, amar no solo con sexo es causa y efecto involuntario, que a su vez embriaga más que los millones de efectos causados de cualquier herbolario y es más puro que el intercambio entre cuerpo y salario".
Pero ella dijo:

"El sexo me divierte, me completa, me relaja y no me da problemas ni causa dilemas. El amor es iluso, es estúpido, es una quimera. Los humanos no amamos, si así fuera, el mundo no se estaría acabando, los inocentes no estarían llorando y se respetaría a los corazones rotos... Que de eso hay mucho alrededor, el sexo les entretiene, les toca, les alivia mientras tanto el amor...no les está amando".
Por consiguiente, él respondió:

"No se culpa al dañador, se aprende de él para hacerlo bien, saber qué querer para no dañar y saber amar. No se exige perfección cuando no se es perfecto. No se proyecta

en otros corazones el peso ajeno. Se lucha, se llora, se sufre, se toma tiempo, se elige y se vive. No se consigue nada apuntando con los dedos, la vida sigue. Me gusta el sexo que tengo contigo, pero prefiero algo completo, quiero tu mitad con cuerpo, sentimiento... Sin añadir euros, dólares ni pesos"

Ella, observándolo con desánimo, dijo que quería "un abrir y cerrar", que no estaba buscando a un perro para encadenar y luego desatar. Con toda honestidad, le confesó que no buscaba Ilusionarse con amar, pues para ella, a estas alturas de su vida y por lo aprendido, una hora de placer tenían más sentido que sentir dolor por algo que en ficción solo ha podido experimentar. So loquería sudar, gemir, explorar y degustar. Mientras que por la otra parte, él sudaba y se esforzaba por poderla excitar, no para provocarle un orgasmo corporal... Si no, el sino el más difícil de todos:El de sanación mental por amar y el sentimental. La guerra entre un ser hipersexual y otro ser espiritual. Ella dijo que solo era sexo, solo fluidos, solo cuerpos, pero influido le tenía, ya estaba envuelto. Solo quería sentirle a él y a sus sentimientos. No quiso que fuera su anexo, solamente eran negocios.
Solo era sexo.

No sabía

Hasta ahora, nunca llegué a considerar que era lo que me estaba pasando.

Nunca me puse en serio en contemplarlo, no obstante, si voy a admitir que sabía que me pasaba algo.

Era extraño, era raro, poco usual, pero no necesariamente malo.

No tenía precio, pero si se veía y sentía caro, no a nivel material, más bien en un sentido no era necesariamente literal pero tampoco figurado.

Hasta ahora no consigo descifrarlo… Vagamente, llego a conectarlo con mi sentido, pero mis sentimientos llegan a canalizarlo.

Todo estaba al revés, desorganizado, inexplicable… Aún de lado a lado.

Cada vez que me pasaba, más andaba desubicado.

Parecía estar presente, pero estaba desubicado.

Aún siempre habiendo mantenido la compostura, se me veía desalineado.

Aún siempre arreglado, en sus reglas caía postrado.

Siempre sudado, tartamudeando, nervioso… E inclusive hiperventilando.

Pensé que estaba delirando, pensé que no estaba sano.

Pensé que estaba viviendo mucho de la imaginación y

muriéndome alrededor de la realidad que estaba pasando.

Pensé en escapar o evitarlo y fingir haberlo pasado.

Pensé que lo que me pasaba era que estaba necesitado.

Pensé que me inventaba películas en mi cabeza; que lo que

experimentaba era una cinta y que mi imaginación estaba

grabando y mi subconsciente estaba alimentando.

Me sentí ahogado, estaba desquiciado, me sentía

impotente... Me sentía desolado

Era preferible callar, para evitar dañar o ser dañado.

Me daba vergüenza hablarlo, daba pudor públicamente

expresarlo.

Me sentía incómodo y vulnerable cada vez que en mi

cabeza andaba pensando.

No sabía que tenía que elaborarlo, no estuve consciente en

tener que descifrarlo.

Sí que alguna vez imagine llegar a sentirlo aun así,

ignorante sigo al saber que algún día debería confesarlo.

¿Pues cómo lo hago?

Pero Dios me desveló que estaba pasando:

Todo esto se debía a una persona que sin querer había

provocado todo este altercado... Pues ella sin querer y

ambos sin saberlo... Llegábamos a la conclusión y con

certeza supimos que lo que no sabíamos era que estábamos

enamorados.

Aquello que una vez tuvimos

¿Qué solíamos tener que ya se fue?

¿El parecer o el ser?

¿La energía o el poder?

¿El profundamente querer o el simple interés?

¿Los bienes del otro?

¿Nuestros bienes en particular o nuestro bien?

¿Esperanza por alianza o fe de proveer?

¿Qué solíamos tener que ahora no está?

¿Hipocresía o verdad?

¿Coincidencia por edad, gustos, intereses o verdadera

amistad?

En cuanto a nuestro amor, ¿Fue en gran velocidad?

¿Esto fue debido a que la presión nos hizo cargar con

responsabilidades sociales que no pudimos

mantener y nunca llegamos a elevar?

¿Nos daba igual el no dar o dar por desigual?

¿Qué era lo que el otro aportaba?

Si tú no dabas, yo no correspondía.

Si yo miraba, tú por miedo y ego te torcías¿La gran ironía?

Que ambos éramos el uno para el otro… Pero solo lo

expresamos mirando al cielo, con lágrimas y de rodillas.

¿Te provocaba serenidad con mi voz o ansiedad por el

tono?

Como amado tuyo ¿Te cultivaba?

¿Sabíamos lo que hacíamos o éramos niños?

Si éramos niños tuvo que haber inocencia, piedad y perdón.

Definitivamente, éramos adultos; irresponsables, miedosos
y masoquistas por acción a la mano y no lo que quiere el
corazón. Estábamos asustados del calor que le
producíamos al otro, quizás por eso ultimamos siendo
fríos.Encontramos caminos abiertos a lugares tentadores y
nos fuimos…

Jugábamos tanto al no perder, que perdimos todo al no
saber que esto no era un juego y al final nuestro lazo
perdió el hilo.

Dibujando tu nombre

"Te quiero" no es difícil de decir.

"Te Amo" no es difícil en pronunciar.

"Te llevo a la izquierda de mi pecho" al respirar.

Es decir, que desde que de ti y de ti no me pude resistir.

Mi sombra de ojos no cubre tu celeste y atractiva luz.

No sé escribir tu nombre, solamente dibujarlo.

No puedo tener tu amor, solamente imaginarlo.

No tengo tu atención, por ese sueño con que lo valgo.

Siempre desconocí el amor, pero contigo lo descubro, lo

siento y lo hago...

En mis sueños, aunque más bien pesadillas al no

disfrutarlo.

No llevas capa, pero motivas.

Salvas la vida de mi amor y para él eres adictiva

aun siendo cuerpo y agraciadamente no una sustancia, eres

heroína.

Quiero beber del café de tus ojos a la par que sentir su

calor.

Quiero caer en su cafeína de belleza y aunque fuesen

negros, caería con tesón.

Veo a hombres con sus mujeres, a mujeres con sus hombres

y aquí estoy yo esperando a que me mires y mientras

mantengo la fe de que lo logre, sigo en la orilla del mar, dubitativo, dibujando tu nombre, bajo el sol. La pensé, la

imaginé, la dibujé, la pinté y toda la vida caminando con el

mal fario de estar solo a solitario, soñé con poderla tener.

Lo hicimos

Por coincidencias de la vida, por capricho del destino, hoy en día estamos juntos y de verdad... nunca me sentí tan vivo.

Lo hicimos...

Coincidimos en este planeta, la mano nos dimos, por baches pasamos aún no siempre con destreza, juntos huimos llegando a la principal de las metas.

Lo hicimos:

Pero no empezó con entereza, he tenido que luchar por alimentar su corazón, escucharla cuando necesitaba que la licuase el dolor, por ponerme en su lugar y salir de mi zona de confort y llegar a casa para ponerla un plato de comida sobre la mesa.

Ella ha tenido que lidiar con muchas cosas de mí que la molestan.

Como pareja hemos lidiado con gente que a esta relación retan.

Pero todo lo debatimos sin timos, con cariño, a veces con enfados, pero hasta que los enfados se terminan, mayoritariamente ni se presentaban, todo era mimos.

No lo vas a ver en las redes sociales de mi parte... Eso se queda conmigo.

Lo hicimos, nos enamoramos como niños

Calentamos nuestros corazones solitariamente heridos.

Lo hicimos:

esperando lo inesperado y lo mantuvimos.

Aparte de prometerlo el uno a la otra, lo demostramos.

Competimos para ver quién hace más feliz a quién, un

juego que hasta ahora nadie lleva las de perder, pues cada

día, aun no estando al 100% es bonito saber que lo

acabarás con la persona a la que amas, si así lo pienso yo

y siempre que se me presenta la oportunidad, se lo hago

saber.

Lo hicimos;

discutimos y nos herimos.

Nos complicamos y nos reímos.

Lo hicimos;

¿El qué? El amor y la guerra.

Así fluimos, en constante balance, pero con cuidado en no

destruirnos y si alguien lo intentara hacer, entonces nos

construimos.

Causa & Efecto

Cuando el silencio grita, la profundidad emerge.

Cuando el corazón recibe tanto frío se consume sin nada

amorosamente ardiente.

Cuando la piel es áspera ante la sensibilidad, los

sentimientos no se estremecen.

Cuando la psicología es fuerte, la sabiduría envanece.

Cuando el amor es ausente, la soledad está presente.

Cuando la oscuridad es profunda… La luz es la que lo

tuerce.

Cuando escribes, piensas y suspiras con fluidez… El

espíritu es el que te usa y te evade de tu inteligencia,

sabiduría y mente.

Humano y delicado, peligroso, aún necesitado, altamente

superficial, penosamente hundido.

Humano, imperfecto, torcido, desconcertado y

confundido… Aquí eres bienvenido.

¿Qué llevas?

-¿Qué llevas en la mano?-

+La fuerza y la voluntad de hacerlo posible+

-¿Qué llevas en la cabeza?-

+La realidad que solo yo puedo entender+

-¿Qué ves a través de tus ojos?-

+La visión de mi realidad en un mundo ajeno+

-¿Qué llevas en el corazón?-

+A Dios como guía, protector y alimentador más el amor

en mi interior+

En el camino

En el camino viví lo dado, valore lo quitado, más soñé y

lloré por lo vivido.

En el camino nací, ahora siendo un joven adulto.

Pero teniendo un corazón, viéndome y sintiéndome como

un niño.

Aprendí que por ser humano y emocional, no siempre seré

benigno

Entendí que mi boca era un arma de doble filo.

Que debía tener cuidado con lo que digo.

Que mis manos podían calmar y dañar tanto a la gente que

me ataca, como a las que quiero, incluyendo a mí mismo.

Que puedo bendecir, pero que también puedo estar

maldiciendo.

En el camino aprendí que podemos vivir y no estar vivos.

Que podemos estar muertos, aun nuestros corazones

bombeen sangre y escuchemos sus latidos.

Que tal y como queremos curar heridas, así nos herimos.

Qué mayor parte en la que saludamos preguntando

"¿Cómo estás?"

Y contestamos "bien" en realidad lo fingimos.

En el camino aprendí que no todo el mundo que sonríe

conmigo es mi amigo.

En el camino aprendí que amigo y enemigo son la misma

persona a la inversa.

En el camino perdí y reencontré la fe en las personas.

Creo que allí fuera, hay gente que el bienestar de otros les interesa.

En el camino fui errante, engreído, prepotente y humilde.

En el camino recuerdo haber sido alguna vez risueño, alegre, feliz, inocente y cándido.

En la actualidad he llegado a ser yo mismo, pese la ansiedad y sociedad en infinitas ocasiones hayan intentado hundirme.

En el camino me entregaron, encontré, me quitaron y perdí la razón

En el camino aprendí a decir:Lo siento, gracias, te quiero, me duele y por favor

Hoy, en mi vida, en mi camino... sigo insistiendo en que:

"Sé que puedo volar sin alas teniendo las nubes en la cabeza y las alas en mi corazón"

Tengo la esperanza

*Te convertiste en la esperanza que dejo mi corazón en
añoranza.*

*Te convertiste en el cordón flojo que de nuestro lazo nos ha
desenlazado.*

*Contigo pacté una alianza que terminará sin alianzas en
nuestras manos.*

Eres el eslabón que nos ha desencadenado.

¡Qué valor de tanto prometer y no cumplir!

*¡Qué cara tan dura de hacerlo mirando a los ojos y
sonreír!*

*¡Qué insulto hacia mi persona, que pusilánime es tu
acción!*

*¡Qué mal que no sea el último que vaya a pasar por
estoque dolor!*

*Jugado por un juego que no se debe jugar ni aun siendo
profesional.*

Vendido, arrastrado, perdido y sufrido por amor.

Te sabes vender, espero que te compren.

Sabes jugar, tanto de día como de noche

*Te los sabes camelar, cada palabra tuya es calculada y no
es derroche.*

Tú rompiendo el corazón de otros hombres así…

¿Te da alas?

¿Qué te ofrecen?

Desconozco totalmente el placer, pero conozco bien el dolor. Dime, ahora que ya conseguiste tu satisfacción, ¿Qué se siente?

Te congratulo, definitivamente, has sabido jugar bien tus cartas.

Aun así, yo sé muy bien que te enamorarás, sentirás, llorarás y te lamentarás...

Tengo esa cierta esperanza.

Tengo la esperanza que esa persona existe para ti.

Pero quizás tú no para ella, aun así... Por unos instantes te hará feliz.

Hasta que se burle de ti habiéndote hecho sentir poca cosa.

Como si "no me acuerdo, si te vi", pero no será lo mismo para ti.

Será ahí cuando aprendas el significado de amar y corresponder.

Será ahí cuando empieces a respetar, pensar y a cuidar lo que tienes por tener miedo a perder.

No te exigiré que me quieras si aun en ti misma no sabes que es.

Tengo la esperanza de que ese día llegará y para nada lo espero para verte caer.

No es despecho, de veras te deseo más que bien.

Tengo la esperanza de que te dejarás llevar, de que no tengas tantas capas en tu ser.

Que pronuncies "Te Amo" sin querer queriendo,

sin calcularlo, sin pensarlo, que es como debe ser.

Tengo la esperanza de que te enamores… Al menos una

vez, adelante, mujer…

Os duele

Ahora os duele porque os hiere y no os conviene.

Os molesta porque os irrita y no es lo que "uno quiere".

¿Por qué sois con palabras y no con actos?

¿Por qué siempre tímidos y efímeros a la verdad y

permanente en lo dañinamente oculto y falso?

¿Por qué cómodos en la fluctuación y fricción, pero nunca

en lo beneficioso y exacto?

¿A qué se debe llegar a la meta de unión con tanta prisa

cuando sobra tiempo y espacio?

¿Qué dice la gente?

¿Qué es lo que tú sientes?

¿Por quién luchas?

Y más importante aún…

¿Te corresponde o pertenece?

¿Os perdéis o queréis que se os encuentre?

Sé que os duele… Pero de verdad, no lo siento.

Tuvisteis tiempo para tomar asiento, daros un respiro,

expirar aliento, mirar desde la distancia las causas y

efectos para poder sacar provecho… Pero no.

Vuestras palabras son sombra y aliento, deberíais dejar de

excusaros, vais torcidos y nada rectos.

Aunque, ¿Qué me diréis a estas horas, si no tenéis ni base

ni fundamento?

¿Qué me escribirías si no es el mismo cuento? Hubiera

preferido la verdad en actos y argumentos…

Preferisteis ser cobardes, rápidos en el ego, deshonestos y en cuanto a

verdad ¡Lentos!!

Ahora os duele… Os escuece, os hiere.

¿Qué esperabais realmente?

La falta de veracidad incita a la ambigüedad

¿De qué lado estás?

A ti, humano, ya no te quiere ni la mentira y la verdad… El

dolor es lo único que te sostiene.

Te duele… Pero es tu dolor, aprende la lección… Encuentra

consolación y cuando alejados en la perdición, tendréis a

gente que os consuele… Ocupad vuestras

responsabilidades, no es a nadie más ni a nadie menos a

los que quieren.

Vísteme

Vísteme, llevo desnudo desde ayer y me sigues sin ver.

He parado desalmadamente, desnudo, entregándote mi ser.

Me he desmoronado, me he destruido y en vez de que me

construyas me respondes "constrúyete".

Me he estado conteniendo, pero no te he estado teniendo y

mi contenido de amor tiene mucho quedar y como no lo vas

a aprovechar no me vale tenerte.

Vísteme y devuelve mi piel, que como mi alma, está oscura,

tú a estas alturas de la vida sigues teniendo dudas

absurdas, concentrándote en la ruptura, yo a tu lado una

ventura y aún parezca una locura te sigo siendo fiel que

para nada es falta de cordura... Porque te amo, por respeto

al vínculo y deber... a parte de que te lo prometí a ti, a tu familia y

porque al rey de reyes se lo juré.

Vísteme, aunque signifique, que ya no vea más tu figura,

pero a mi corazón le has causado fisuras que no tienen

llanuras, que solo desangran tristeza, soledad y amargura.

Alteran su textura mientras tanto colgada y plantada junto

a mí está la luna a la par que sigues perdida sin saber que

vas a hacer.

Vísteme, porque cumplí como amigo, estuve preparado

para este destino, tu capricho fue la promesa y el anillo y

ahora que te lo di y estoy contigo, tú sigues dudosa y yo

sigo aquí como poca cosa alarmándome.

Vísteme o mejor... yo lo haré. A estas alturas no puedo estar diciéndote "ábrete" ni "cuéntame" y mucho menos humillarme con un "ámame"

y no sería tan rastrero como salvar estar relación con un

bebé.

Empezamos siendo amigos, intermediamos siendo amantes.

Fuimos guerra; pasión; seducción; daño; maldición...

fuimos arte.

Un arte que fue inspirado, esforzado, luchado en vez de

dibujado, pintado, pero que finalmente no pudo colgarse

Fuimos alma en carne viva, fuimos la luz del otro cuando

estaba a oscuras.

Fuimos caos y armonía, la torre más alta que tardaba en

construirse, pero que en nada se convertía en ruinas.

Pensé que siempre te vestiría, pero no es con mi cuerpo con

el que quieres estar cubierta, por lo que he podido te

provoca heridas.

Me quité una prenda cara ante ti.

Su marca era mi sangre, se fabricó con amor, su tela eran

mis sentimientos y su color era pasión... pero aun así sigue

significando nada para ti.

Pudiste ser mi reina y yo tu rey, pero nos quedamos en

princesa y príncipe y ahora... solamente eres alguien que

amé.

Alguien con quien soñé poder amararla, hora eres

solamente alguien a quien solía conocer.

Ya sabemos todo esto... así que, me vestiré.

Un placer haberte conocido, aunque mi tiempo haya

perdido, pero aprecio lo vivo y haberte conocido aunque

haya salido herido.Mira... ya... Vísteme. Te concedo la separación, te concedo

la libertad aconsejándote que la próxima vez estés segura,

que no le hagas pasar a la próxima persona una tortura,

que evites que salga dolida como en esta ruptura, pues me

ha causado rotura, pero bueno... estaré bien.

Me entregué y por lo visto, dentro de ti no estuviste

totalmente segura y aun sabiendo que me quieres, pero no

te abrirás, me vestiré.

Yo te enseñé a estar desnuda con tu alma y si hasta ahora

no lo has hecho... Quizás bien, no te enseñé.

Sea como no sea, me vestiré y para la próxima espero que

te hayas organizado, hasta entonces

a más ver.

El problema

Muerte, nosotros somos inocentes, vivimos nuestras vidas al máximo, nuestros corazones son los que nos fallan y los sentimientos que provocan son más fuertes que nosotros, pues habitan dentro de nosotros. Ten en cuenta que el corazón es lo primero que se crea dentro del vientre de nuestras madres, no nos puedes culpar de esto...

Comenzamos todas las cosas, así como nosotros comenzamos a vivir, que es con el corazón.

Humanos - dijo la muerte- ¿Os entorpecéis habiendo nacido torpes o realmente sois torpes por miedo a la rectitud y a la firmeza? No contestéis. Sí, el primer órgano en crearse antes que nada dentro de vosotros es el corazón, entonces; No debería de ser lo primero que deberíais mirar en cada uno de vosotros en vez de hacer juicios basados en vuestra ¿inteligencia, instintos o percepción de las cosas? Tenéis corazones de mucho tipo, pero no el apropiado y antes que me preguntéis cuál es, os diré que no es el que tenéis y me limitaré a eso, pues cómo decís popularmente en vuestras sociedades"no estáis listos para esta conversación".

¡Eres realmente infinita maldad! - dijeron los humanos-. Aquí vas hablando de que tenemos problemas... El tuyo es que andas asqueado en la existencia y no tienes y no tienes amor. Nos arrebatas lo más querido sin importar edad, condición médica o significado de la vida o de la persona

en nuestras vidas, ¡se es tu gran problema!

Vuestra necedad es patéticamente divertida

-Se burlaba la muerte-. Yo hago mi trabajo, para eso fui creado, soy

perfecto, hasta ahora no he fallado ninguna cita ¿Os

mandaron a matar, mutilar, denigrar y a erradicar los unos

a los otros? Otra vez os quejáis y exigís, pero caes. La vida

y yo aun siendo diferentes nos respetamos ¿Conocéis de

alguna disputa nuestra durante la historia? No respondáis

¡Hombres! –Les llamó la muerte con autoridad–. Las

mujeres que se os regalaron para que fuerais responsables

de ellas, las cuidaseis, amaseis y defendieseis para

ayudaros en vuestra responsabilidad de cuidar de vuestro

hogar y mundo para así también procrear y enseñar a las

generaciones venideras ¿No es la misma a la que difamáis,

agredís y dañáis aún bien saliendo todos de una?

¿Realmente me quieres acusar de destruir vidas? ¡Mujeres!

–Llamó la muerte–. Los hombres a los que se os dieron

para ayudarles y procrear ¿Les queréis a ellos tal y como

son o vivís de la idea del amor y romantización? No

respondáis. Humanos -llamó la muerte-habéis mencionado

al amor, pues bien, no fue un tal San Pablo que os explicó,

detalló y describió que: "El amor es comprensivo, el amor

es servicial y no tiene envidia; el amor no presume ni se

engría; no es mal educado ni egoísta; no se irrita, no lleva

cuentas del mal; no se alegra de la injusticia, sino que goza con la verdad. Disculpa sin límites, cree sin límites, espera

sin límites, aguanta sin límites." ¿Quiénes de vosotros me

puede decir que ha amado, sabe amar o está dispuesto a

amar? Otra vez reclamáis, exigís, pero no merecéis y

reitero en vuestras palabras

"No estáis preparados para esta conversación".

Yo - la muerte- solo soy un paso hacia

el cielo o el infierno y ese es vuestro problema conmigo,

que mientras que yo soy tajante, vosotros vivís en doble

naturaleza. Ambos géneros buscáis una casa en el

contrario, pero sois tan testarudos, orgulloso, ignorantes y

torpes a la verdad, a la realidad y a vosotros mismos que la

mayoría acabáis desdichados, desanimados y deprimidos.

Ahora, decidme, si todo en el mundo es viejo y lo único que

cambia es el precio del oro ¿Por cuánta cantidad de oro

habéis destruido corazones ajenos y propios por algo que

ya existía, pero que se le cambió el parecer? Hombres,

vuestro cuerpo os pide sexo, cuando lo que queréis es

amor, pero habéis creado una sociedad tan "machorra"

que al querer admitir lo que sentís os avergonzáis y os

burláis de vuestros congéneres… Ahora decidme qué vale

más, ¿la felicidad o el orgullo? Vuestra "mayor debilidad"

y vergüenza es realmente vuestra fuerza y para cuando

antes lo asumáis… Seréis hombres de verdad, no por

biología. Mujeres -vosotras sois elocuentemente más

versátiles, así que no hace falta que os pregunte nada-

sabéis bien lo que queréis, pero vivís en una jaula de

cristal donde vuestra idealización y perspectiva es vuestra

prisión y siempre os la juega. Enriquecedoras y

constructivamente bellas criaturas sois, vuestro corazón no

es vuestra maldición, pero sí vuestra obsesión por el

control. Humanos, me es indiferente vuestro género o

vuestra historia, no soy el tiempo ni vuestras vidas, soy la

muerte y aunque aún no os haya llegado el tiempo, estas

faltas vuestras antes mencionadas ya os matan de por sí,

yo solamente para vuestros cuerpos y me llevo vuestras almas

pero en sí… Vosotros matáis vuestra propia esencia.

Humanos: constantemente os quejáis de vuestras vidas -lo

cual no me quejo, es más, me hace ganar puntos- y habláis

de mí con miedo. Hasta a mí me faltáis el respeto como a

vuestras vidas, tentando y provocándome y para cuando os

sigo la corriente sigo siendo "lo malo". Si algo sé de

vosotros es que sois completos al perder lo que queréis.

Para cuando me aproximo a un ser querido vuestro y os

doy tiempo, valoráis a mi contra parte y a la par me

suplicáis, me tenéis y respetáis. Para cuando aparezco de

sopetón y me los llevo sin más, soy el villano, pero nunca

admitís lo que ganáis a diferentes niveles en vuestro ser

cuando os arrebato a esas personas.

No tememos a la muerte

No tememos a la muerte, sino que sabemos que
somos culpables al haber ido capaces de
desperdiciar las incontables oportunidades que
nos ha regalado la vida para repararnos a lo largo
de todos estos años y haber dejado que el dolor, el
orgullo, la ira, el rencor nos hayan matado.
No tenemos a la muerte, sino el saber que nunca
dimos suficiente cuando fuimos suficiente pero
decidimos ser insuficientes para justificar lo
insuficiente que fueron con nosotros y nosotros con
las situaciones, personas y nuestro ser.
No tememos a la muerte ¿cómo temes a algo que
ya conoces aunque no lo hayas experimentado?
Porque es el límite de tu respirar, tú insuficiencia
personal, tu inactividad física, la conversión de tu
ser carnal a tu ser espiritual; el nacimiento de tu
alma donde muere la vanidad y por ende, insisto a
que no se le debería temer a la muerte, sino a la
humanidad.

¿Qué mal?

¿Qué mal hice yo que no fuera el procurar amarte bien?

¿Qué mal te hizo tener a alguien que te quería bien?

¿Qué paz te dio tanta guerra interior?

Me alisté a ella, perdí batallas, me quede ciego y por ende…

Nunca pude ver que fue una guerra en la que quien

la proclamó decidió perder y yo solo fui un peón.

¿Qué mal hace una conversación para conocerte mejor y

hacerte saber que la vida se vive, que de los errores se

aprende y que aunque creas estar apagada, mi amor…?

¿Gran parte de ti prende?

¿Qué tan malo fui al preocuparme de tu dolor y ocuparme

de que ocuparas un lugar en mi corazón para darle lugar a

tu voz, convertir tus dudas en decisión, enseñarte a lidiar

con la depresión por determinación y pasionalmente

amarte sin condición?

¿Qué bien te hace el silencio que gritas al callarte lo que

hay en tu interior?

¿Qué mal hace el amar? ¿Por qué tan común tu rechazo?

¿Qué mal hace el impacto de nuestros cuerpos en un

abrazo? ¿Qué hay de malo en un beso, sobre todo si es correspondido?

¿Qué mal tiene el decidir que pese a tus "imperfecciones quiera estar contigo?

¿Qué bien te hace el saber que me amas y no confesarme que por ello tienes

miedo?

¿No sabías las responsabilidades que conllevaba el

enamorarse y ahora que las vives temes a echarle el freno?

Te creo.

Sin embargo, ¿Qué mal tiene la fortuna de tener a alguien

que esté dispuesto a tener conversaciones incómodas con el

propósito de construir un futuro contigo como tu

compañero?

Ojalá

Ojalá aprendamos y apliquemos más de lo que prometemos

y hablamos.

Ojalá avanzásemos más por el desarrollo

mental,cultural,espiritual y personal que el recorrido que

hacemos cuando andamos.

Ojalá tener en mente que la raza es únicamente humana.

Ojalá dejar de juzgar.

Pues somos jueces fuera de juicio y con mentes injustas y cambiantes.

Ojalá cambiar la vanidad de la imagen.

por la belleza longeva del arte.

Ojalá dejar de llamarnos influyentes

Estamos bastante atascados,pero ante el público parece

que se desmiente.

Ojalá entender que no somos tan diferentes.

Y aunque tengamos colores,mentes y habilidades

impares,todos intentamos ser buena gente

Ojalá dejes de ser una bomba de vida dentro de tu cabeza y

empieces a compartir esa vibra con la realidad.

Lo sé,el mundo no te va aguantar,es más,te va juzgar.

Pero sé tú y vive,la gente lo ha matado y por eso hay tanto

daño.

Vive libre, vuela alto y muere en paz.

Ojalá esto y muchas cosas positivas a la par.

Ojalá aprendamos después de ver esto.

Ojalá dejar de ser extraños que se entienden con gestos y

no de verdad.

Ojalá no hablar sino observar, analizar y callar

Ojalá aprendamos y no nos prendamos.

Ojalá aprendamos a nadar y dejar de ahogarnos.

No siempre son ellos, el 90% de veces somos nosotros.

Ojalá la sociedad hiciera alusión a su nombre y fuera real.

No hipocresía, apariencia, falsedad, envidia y maldad...ya sé

que pido mucho...pero...te imaginas si fuese real?

Ojalá.

Recuérdale al amor

Recuérdale al amor que eres;

Mi corazón caminando fuera de mi interior,

mis latidos sentidos en otro pecho.

mis labios perfectamente dibujados en los suyos... Con sus

besos... Qué dolor

antes que compartamos lecho, quiero decirte esto:

Quiero recordarte que mi amor por ti no lo compré, no lo

fingí ni lo maquillé, más bien de mi corazón nació.

Que hasta hace poco no lo conocí, pero a más de

convencerme, me cautivó.

Que no sé como empezó, con despecho lo vi en los demás,

con desesperación lo quería en mi cabeza, y me da miedo

ahora que me tocó.

Yo sé que eres una malquerida, pero para bien te quiero yo.

Con tus heridas, tus avergüenzas, tus inseguridades y tu dolor

porque ni él ni ellos soy yo.

Con esto quiero añadir que conmigo no tendrás que

defender lo que es tuyo

porque al ser tuyo sé a quién le pertenezco

y por eso:

Si acabamos de empezar, empecemos por no acabar.

Si nos acabamos de conocer, no acabemos de conocernos.

Que si hoy estamos aquí, es para juntar ni no separar.

Que si tienes miedo y se convierten en pesadillas, yo seré

parte de tu sueño.Que me tienes enamorado perdido y que sin ti a mi

lado...no puedo.

Es normal que sientas miedo, pues sientes…

Pero los sentimientos vienen y van, las decisiones

permanecen, he decidido amarte, porque así debe ser y así

quiero.

¿Te desnudo o te quito el velo?

¿Me das el anular o espero?

Todo depende de ti,

si es un "No" un

"Sí quiero".

Lo que se perdió

-¿Qué se te ha perdido?

+El corazón

-¿Qué es lo que no encuentras?

+La razón

-¿Qué debes hacer?

+Encontrarlo y sincronizarlo con mi ser

-¿Por qué Crees eso?

+Porque me vale más a mí que a cualquiera persona a la que sé lo dé.

-¿Tú crees? ¿Por qué?

+Por qué entonces no lo estaría buscando, sino compartiendo y como hasta ahora no ha podido ser, lo usaré para aprenderme a querer

-Decepcionado y ocupado buscando a tu media naranja. Una pregunta, semilla ¿Ya pasaste el proceso de tiempo que conlleva el crecimiento para al menos llegar a convertirte en azahar? ¿O al menos echar raíces en el subsuelo para mínimamente brotar de la superficie? Eso sin mencionar el estado de madurez necesario para tener frutos y ser una naranja.

Por fe

Te he esperado desesperado, esperando que recobrases la

esperanza.

Te he visto dar pequeños pasos de gigantes en tus

danzantes andanzas.

Sigo siguiéndote sin seguro aún tú no queriendo seguir y

dando mal por asegurado.

Para mí vives con vida fuera de una vivienda y cada vez

que mueras te voy a reavivar.

Nunca dejaré que cortes la vibra, más bien que puedas

electrocutar con tu ser y a la gente conectar en una red real

de la cruda realidad.

Si por mí fuera estarías dentro y por yo estar dentro harías

lo que fuera.

No estés en el medio, ahí no hay camino, ni lado, ni

remedio.

Si fluyes, no te atascas y no huirás si no te atrapas dentro

de tu prisión liberal del pensamiento.

Eres tú contra tus pensamientos, contra la pila de tu pecho,

contra tus sentidos, contra el universo.

Tus pensamientos te harán no sentir y tu sentir te hará caer

preso.Sabes mucho, pero te queda por aprender.

Por saber tanto, te consumes tanto que te vas a prender y

para cuando te prendas, aprenderás que no es el capital, ni

el material, ni los sentimientos... siempre fue la fe.

Mientras que aún no lo has entendido:

Me quedaré contigo a oscuras y a colores.

Dentro de tu insípida amargura te daré sabores.

Dentro de tus perdiciones te encontraré.

Me quedaré contigo cuando tengas ansiedad.

Para recordarte que la vida no es tiempo y el humano no es

edad.

Cuando este mundo tan mundano te quiera cambiar, para

cuando, para cuando te quieras expresar y te sientas

mudo... pues ya eres un mundo entero y no será ni tendrá

de ti la mitad.

Me quedaré para escribirte y para ayudar

Hola... soy tu ser siendo lo que nunca fue

He decidido quedarme contigo, por fe.

Amigo

He dado y no me has retornado.
He esperado, pero nunca has llegado.
He llamado y no me has contestado.
Me he mantenido en silencio, veo que te ha gustado.
He estado frío respecto a tus situaciones, no te has
quejado.
He escuchado, estudiado y callado, no me he expresado ni
he aconsejado,
eso, antes no era problema, ahora veo que está
molestando.
Creo entender que así es la amistad de hoy en día,
Por lo menos así me has enseñado, he aprendido conforme
a como me has educado.
Si ahora te parece mal, así me has maleducado.
De alguien que conozco a quien solía conocer, has pasado.
No culpemos a la distancia, ni a las cercanías, nos hemos
pasado
y ni menciones el crecer, porque ya es ofender.
La amistad nunca estuvo, por eso es que no se fue.Si te vi no me acuerdo y si así fuere, no sé
donde
¿Dónde estamos amigo mío?
Háblame y te hablaré, pero... Quien responde
¿La vergüenza?
¿El miedo?
¿La incertidumbre?
¿El ego?
¿Las mujeres?
¿Los hombres?
¿El dinero?
¿Qué tú no hayas sido capaz?
¿O que yo esté en mi momento y sé que puedo?
Conclusión:te perdono porque te quiero.
Perdóname tú a mí también, porque sé que no he sido
tampoco el bueno.
Quizás después seamos amigos de por vida o solo seamos
vagos recuerdos.
Mal o bien, un placer haber coincidido contigo en esta
vida.
A ver quién se va antes y quién presencia el entierro.
A todo esto, nos hemos dañado, ambos merecemos

redención, te quise, te perdono y te pido perdón.Mi vida no inició contigo, pero si fuiste parte de su
crecimiento, el pasado está pisado, ahora resurjo siendo
yo, con gente que no se siente opacada al dejarme ser yo.

Ni tú, ni yo

En tu mente está tu película.

En tu boca está la narración.

En tu cuerpo está el acto.

En tu alma está tu esencia y el sentimiento.

En tus actos tienes la opción de contradecir a todas estas o

darles la razón.

Tú te ves en la oscuridad y en los eclipses mientes, yo te

veo clar@ bajo el sol.

Tú dirás quién crees ser, yo te diré quién soy.

¿Quién de los dos se conoce a sí mismo en su interior?

Ni tú ni yo.

Y si te dejaron

Y si te han dejado alguien, te recogerá y te ofrecerá el
puesto que te mereces.
Si rompisteis, es que ambos profundamente ya explotabais
al otro.
Si no te dejaron es porque mereces estar a su lado.
Pero si nunca te consideraron, es que nunca estuviste ni
vas a estar, no es que seas la/el otro, sino que simplemente
en su corazón nunca tuviste lugar.
No lo tuerzas ni te mientas, solamente déjalo estar.No
habrá medicina tradicional que al final no te haga pagar.
No habrá alcohol que te ahogue para olvidar.
Ni mucho menos estupefacientes que te hagan escapar de
la realidad.

Dígale

Dígale que la quiero, pero que por timidez, avergüenza y

orgullo no puedo ser sincero.

Dígale que sí, en un futuro, fuese mía:empezó siendo, es y

seguirá siendo la mujer de mis sueños.

Dígale que me encanta todo de ella, sin frenos, para no

hacerme más daño por ser demasiado:

Dígale simplemente de una vez que me muero por escuchar

un "Te Quiero" de su boca y yo pueda responder

complacidamente:

TE AMO.

Aunque no estés bonita

Aunque no estés bonita, tu corazón palpita, tu cuerpo reacciona y tu alma no ermita.

Aún no sigas estando bonita, sigues tomando y soltando aliento, vives en memoria y tiempo, eres real, no cuento, no te mientas... Recapacita.

Aunque no estés bonita en el exterior, en el interior tu belleza dormita.

Aunque no estés bonita... Regálale una sonrisa a tu vista, la necesita, para ser testigo de que la belleza, cuanto más natural, no solamente bonita... Si no que cuanto más espiritual, más alimenta y la vida facilita, más sanidad mental incita, más suficiencia personal en ti habita, más brillo en ti y menos efectos causan en ti cosas malditas. Aunque no te sientas bonita, recuerda esto cuando lo olvidas y así se repita, tenlo en mente hasta que al final lo admitas: en ti vida, fuerza y luz habita y aun en la oscuridad... Para el de arriba, sigues siendo favorita.

Ell@s

Si sigo delante de ti es porque sé ciegamente que estás

atrás.

Si sigo adelante con lo nuestro es porque sé que

avanzaremos a pesar de todo mal

Que aunque me lancen balas, guardándome las espaldas,

eres mi inmunidad.

Te dirán que estoy ciego, que actúo, que no pienso con

cordura…

¿Acaso eso no es amar?

Ellos te ven seca, yo te he visto húmeda al llorar

Ellos te ven dura, yo me ocupo de abrazarte para que la

dureza se acabe y corazón pueda respirar.

Los mismos que te aconsejan dejarme ver maldad en ti,

mientras solo veo tu corazón.

¿Y desde cuándo una persona dejó de ser humana por

malinterpretación?

Mi gran escenario es presenciarte a diario

¿Me dirán que para eso también soy un buen actor?

Dicen que para ti no soy suficientemente,si con suficiente se refieren a que no debo quererte es

que

siempre evitaron cualquier tipo de vida y prefirieron

muerte.

Quiero prenderte para que me des luz y calor; aprenderte

cómo notas de canción; volverte para que te desenvuelvas

con mi pasión; envolverte entre mis brazos desde la luna

hasta el sol.

No podría absolverte si creyeras en ellos y en mí no.

Mi "quererte" no es falso, más bien grato porque te lo digo

ahora, independiente del resultado que pase después.

Y si les crees a ellos, cierra los ojos, cuenta hasta diez,

déjame ir y te aseguro que cuando abras los ojos a ellos

tampoco les vas a ver.

Ellos son los que siempre hablan y no aportan

Los que ven nuestra relación crecer pero lo abortan.

Los que nos ven justo y se mueren de celos y nuestro amor

pasaportan.

Los que nos ven enteros aun siendo mitades y nos recortan.

Los que odian que suenen cancioncitas de amor, pues a

ellos les daño y deben dañarnos también

¿Qué les importa?

Suman maldad, restan amor y se preguntan después por

qué no tienen relaciones o no conectan.Comentar y no progresar, criticar relaciones ajenas y

envenenar y con descaro pedir paz.

¿Quiénes son ellos a los que se los conoce, pero no se les

ve?

La envidia mata y no cura, un gran veneno para la cordura

A más que sigáis así de odiosos, seguiréis a oscuras.

Ellos no son nuestra relación, no saben cómo empezó, pero

maquinan como terminará.

¿Ahora, dejamos lo nuestros por unos ineptos o cargamos

con todo el peso de lo que llevábamos por dentro,

independientemente de lo que digan esos?

Tú dirás…

Estúpido enamorado

Ilusionado al haberte imaginado, contento al haberte

encontrado.

Encantado por le echo de que nos hallamos enamorado,

feliz de haber compartido momentos contigo.

Ahora desangrado interiormente al aceptar que me has

abandonado, nunca pensé que iba a pedir perdón por dejar

fluir mis sentimientos.

Lamenté sentir el sentimiento más grande del mundo y

cuanto lo siento.

Creo haberlo superado, pero son palabras de consolación

porque a mí mismo me rezo.

Aunque daño me hallas hecho, me pongo de rodillas ante

Dios pidiendo que te proteja, porque sí... No solo estás en

mis pensamientos, sino que hasta por ti rezo.

Mi diario guarda cartas que en forma física amorosa te di.

Mi lapicero sigue reproduciendo líricamente los

sentimientos que hasta ahora siento al pensar en ti.

Mi guitarra echa de menos que la toque para cantarte por

las mañanas.El piano de cola y mis dedos no logran sincronizarse por tú

ausencias se encallan.

Mi corazón late lento, desanimo al saber que el tuyo ya

más no lo ama.

El día pasa a la noche, la noche a la madrugada y no

consigo dormir nada.

Tus manos eran mi sonajero, tus abrazos, mi cuna y tu voz,

mi nana.

La almohada es blanda, preciosa y apacible, es la luna,

pero no quiero su compañía, sino la tuya.

Solo quiero que vuelvas y hasta omitiré mi furia.

Quizás fui bueno, pero aspirabas a algo mejor.

Quizás cantábamos la canción de amor, pero nunca

llegaste a sentir ese amor.

Quizás actué como tu amado, pero fui tu amante y

encuentro que esa sea la razón por la que tu corazón no me

conoce, aunque en un pasado siempre tuvo mi corazón.

Si me llevabas a las estrellas, te aseguro que ahora si estoy

estrellado y con ellas te llevaste mi luz, porque estoy

apagado.

Solamente sé que soy un estúpido enamorado, no sé si

culpar a mi ilusión o a mis, sueños porque eres una dulce

pesadilla real en vida. Eres cálida, actuando, pero de sentimiento eres fría.

Pobre del iluso que te esté amando ahora mismo, no le

siento envidia.

Pobre de aquel que te crea tener, mis condolencias al que

te quiere tener.

Los jugadores cambian, pero el juego sigue siendo el

mismo.

Jugué al ajedrez para salvar a mi reina, el tablero quedó

reducido, ese tablero es mi, mundo llegó el fin de la partida

y seguiré por siempre siendo un estúpido enamorado herido.

Esfuerzo

Si el granito de arena que pones se convierte en polvo ante

la dificultad, pon un desierto entero.

Si las lágrimas que has derramado ya han creado un mar,

que sean azucaradas y no de sal.

Si como la estrella que eres no brillas en el lugar donde

estás, cambia el enfoque, porque por algo las estrellas

brillan en la oscuridad y si la convivencia es difícil,

abunda un cielo infinito.

Que ellos no te vean no quiere decir que no estés, que ellos

vean mediocridad no quiere decir que la halla.

La gente

La gente pasa página, arduamente cambian de corazón

Les gusta sentir, les gusta saber, les gusta oponer e imponer

su sabiduría rechazando la verdadera razón.

La gente cambia de pensamientos, pero carecen de acción.

Son víctimas a la par que verdugos, luces a la par que

seres oscuros, haciéndose destacar clavándole el puñal al

de al lado con lo que tengan o pueden ¿Conclusión?

Ya sean justos, sabios, superiores o preferidos:

Ninguno se vira hacia la mentira porque es dulce dentro de

su oscuridad, esto para brillar entre los demás y luciéndose

sé olvidando que la verdad resurgirá desde donde quiera

que la oculten.

Despedida celestial

Con lágrima pura, herida profunda y recuerdos de oro.

Con luces estando a oscuras, en blanco y negro, a todo

color y con toda textura.

Sin ninguna armadura pero con dolor de plomo.

En silencio y con llantos, despacio, seguidamente o ratos.

No hay abrazo que consuele, no hay aguante que frene,

todo de ti hiere, pero a la par me sostiene.

Hoy descubrí el significado de haberte conocido, ayer tuve

el honor, ahora aunque no estés la ausencia no te quita tu

esencia ni valor.

Con el corazón al descubierto entre mis manos, con los

ojos aguados, viendo la luz del faro, con fe, ganas e ilusión,

más aún con todo el amor nos veremos en el Señor.

El poeta de Cyan

Escucho a ese poeta; con su voz y leo sus letras

como interpreta, como te sensibiliza, como te conecta y te

lleva a diferentes metas.

Empezó como un cometa, no se le veía venir, pero a las

estrellas se las encuentra ya, nunca se presencia cuando

empiezan.

A corazones heridos, corazones dañinos, corazones

partidos has escrito.

A corazones que no son como el mío, pero tampoco son

tuyos ni de los dos has unido.

A corazones compartidos has conmovido y a los que

estaban rotos removido.

A corazones de personas con diferentes opiniones has dado

voz,

por eso cuando te presentas para escucharte nos reunimos.

Te dan las gracias los corazones congelados:

aquellos que su núcleo arde por intensas pasiones, pero

que al creer que no le conviene a nadie aparentemente

muestra ser frío

pero eso en verdad le hiere y antes que se encendieran,

antes que vinieses tuse apagaron.Corazón delicado, el que con palabras y actos no lo

expresa, pero que por dentro, gente sin darse cuenta, les

hiere.

Poeta, escríbeme una nana para yo cantarla al intentar

aliviar mi dolor.

Poeta, muéstrame una citación.

Poeta, explícate como tú solo sabes hacer,

así llenas mi corazón con tus palabras sobre el papel que

escucho con tu cálida voz.

Poeta, alumbra mi habitación, cuando apago la luz para

escucharte en la oscuridad.

Poeta:ayúdame a pensar con claridad, el ruido de la

sociedad me lo impide al igual que tener mi propia

identidad.

Mis lágrimas se convirtieron en charcos y estos tan

inmensos se transformaron en un mar.

Poeta, atiende a mi clamor, escríbele al viento y dile que lo

siento.

Le prometí ser libre como, pero las palabras de los

mortales me han dejado llevar y ahora ni al espejo me

puedo mirar, de verdad que me arrepiento.

Poeta, háblame, cítame algo con tu única voz, la que me

hace soñar.Poeta sé mi terapeuta lírico de la vida, la muerte, el odio y

del amor.

Poeta, un alma llora y te necesita escuchar

Poeta, si tantos corazones salvas

¿Por qué te vas?

Poeta, responde a mi pregunta con certeza ¿Volverás?

Poeta no te conozco, pero en tu persona he encontrado

personalidad.

Poeta, dicen que vendes sueño, pero eso no es verdad.

Poeta, tú destapas esos sueños que yo tenía, pero que decidí olvidar.

¿Poeta? Solo escribo, recibo y doy, no es mi trabajo, es lo que hago a día de hoy, solamente me considero un mero escritor

Pero hoy, por vosotros, lo aceptaré

¿Poeta yo? Poeta soy.

Gracias por vuestro apoyo... Siento deciros esto, pero llegó el momento, he de decirlo.

Me voy.

Agradecimientos

YWH:
*Tú depositaste el talento en mi corazón y el amor en mi
espíritu, tu siervo imperfecto te alaba, honra y agradece.*

Adá:
*Te puedo decir, totalmente seguro, que has cumplido y que
no hay nada de lo que preocuparse, Dios te ha escuchado,
yo soy una de esas seis respuestas con ilimitables
bendiciones gracias a ti. Te amo mucho, mamá.*

Oloho:
*De pequeño decías "Dejadle, hable grandes cosas" hoy en
día sé que como tú, no puedo "Estar por estar ni vivir por
vivir", serás siempre una inspiración para mí, abuin
akiba, te quiero, papá.*

Juan Pavón Carrión
*Tu corazón, tus enseñanzas, los recuerdos que tengo de ti y
tu manera de ser con la gente que amas me seguirá
inspirando. Te quiero, papá .*

Maria Bella N. Mba
*Aparte de esos 5 años de pausa que tomaste para hacerme
avanzar, te agradezco el haberme respaldado, consentido y
amado. Hiciste bien tu deber como hermana mayor, lo
reconozco y no puedo estar más orgulloso de ti. Yo, creo en
ti y en tu felicidad. Te amo. Margarita*

M.O. Mba Ada.
*Me has enseñado que el momento de uno es único y es suyo
y que nadie te quitará tu identidad si no la tienes o no la
pones. Has hecho de un niño mimado un soldado
independiente, polivalente y estratégico, gracias. Te Amo.*

Jose Gabriel N. Mba Nchama
*Mi teniente, lo logramos, dando pasos cortos pero
seguros. Gracias por la precisión y la firmeza en tu apoyo
para luchar por lo que es mío. Te amo, hermano.*

Nadege Pascal Kegne
*Por la disciplina que no quería y que hoy he adoptado; por
las instrucciones en el Señor y por el apoyo y amor, he de
darte mis infinitas gracias. Te quiero.*

Jasmine Ramirez
*Has sido una bendición en mi vida y un gran apoyo y motor
en mi desarrollo como persona, gracias mi amor, por tu
formidable apoyo, tu paciencia, tu esfuerzo y tu amor
incondicional. Te amo irrevocablemente.*

Laura Martin Marcos
*Es increíble cómo la distancia puede ser tan poderosa y
crear vínculos tan únicos. No te llevas un "mamporrazo",
pero sí una dedicatoria.Tu tía y yo esperamos grandes
cosas de ti.*

Francisco Javier Ensema Nzambi
*Mi hermano de otra madre, quien ha estado apoyándome
férreamente y comparto una amistad bendecida por Dios.*

Amor Nchaso Bekari
*"No considero tener amigos no inteligentes" me dijiste,
ahora… Dale una oportunidad a "impacto" y a tus
trabajos de salir a la luz. Tu apoyo ha sumado mucha
productividad. Como secretaria de asuntos creativos y de
productividad artística y amiga mía, eres y siempre serás
una bendición.*

Emilia "Ely" Esono Obono
*El habernos estado apoyando en lo artístico, no solamente
basado en lo lírico, sino también en lo audiovisual, me ha
marcado como persona.El tiempo sacado en llamadas para
apoyar y fortalecer es más que profundamente grato, es de
corazón.*

Joel Christian Kachoko
*Mi hermano de otra madre al que instruyo, aconsejo y con
el que medito en mis acciones pasadas y presentes. Has
sido una enorme bendición en mi vida.*

Julia Edú Mañe
Has apoyado, comentado y querido profundamente y te
estoy profundamente agradecido por ello, bestie.

Ana Silochy
Mereces ser reconocida por el valor y el apoyo que le has
dado tanto a mis trabajos, proyectos como a mi persona en
todo el tiempo que llevamos de amistad. Muchas gracias.

Beatriz Asangono
Gratamente feliz de saber que cuento contigo en cuanto a
visión y expansión en mis capacidades artísticas y
académicas, espero que sepas que es a la par.

Diego Antonio Gomez Martil
No solo te estoy enormemente agradecido por explotar mi
vocación en diseño gráfico, en la música o en poesía,
también por nuestra amistad.

Revela
Muchísimas gracias por la constancia y consistencia
apoyando mis trabajos, Reve.

Eva "Evicka" Alfonsina
Gracias por tu apoyo incondicional desde mis comienzos.

Julia Ngomo
Gracias por las publicaciones a mis trabajos y por
apreciarlo y apreciarme durante todo este tiempo.

Jose "Teddy" Nchana
El hecho de tener fe en mí, esperanza en mí y motivarme en
la calidad de cada palabra dice mucho de tu buena
persona, muchas gracias.

Crisela Ondo Ayang
Mi querida comadre y gran promotora de mi trabajo,te
agaradezco el cariño,la importancia, empatía y el afecto
que le has dado tanto a ellos como a nuestra amistad.

Alba M. N. Ebendeng
Gracias por tu positividad, confianza en mi mejora como
escritor y apoyo como buena amiga.

Georgina Bradbury
Tu acto de presencia, tu apoyo y tus ánimos a la mínima
que sale un trabajo mío en las redes sociales no tienen
precio y limitado es mi agradecimiento, aun así
muchísimas gracias. Has sido un punto de apoyo y de
motivación y eres una maravillosa persona.

Jesús Antonio García Sánchez
Has sido un buen modelo y ejemplo de hermano mayor en
mi estancia en estados unidos desde que vine aquí. Tu
familia y tú siempre seréis parte de mi familia.

Ricardo Islas
¡Tío! Muchas gracias por todo lo que me has enseñado
permitiéndome conocer más halla de lo que la gente ve.El
Señor tiene planes para tila igual que para Ricky y Vivy,
para mí, sois para de mi familia.

Ana Patricia Carreón Ávalos
Tu apoyo incondicional porque luchase y diese lo mejor de
mí cuando do tuviera fuerzas me ha servido de mucho. Tu
ayuda en tiempos difíciles también. Gracias, amiga mía.

Aissa Diallo
Apoyo por apoyo, cariño, por cariño y lealtad por lealtad.
Agradezco que nuestra amistad no se haya perdido en
todos estos cursos.

Valeria Michelle Garcia Mori
He sido inconsciente de lo presente que me has tenido aún
en la distancia y de lo mucho que apuestas y crees en mí.
Te agradezco la determinación y el apoyo.¡Dile a Alex que
su tío ya es autor!

Saah
Espero que algún día entiendas el valor que tienes y la
enorme fuera espiritual y personal que tienes, hasta
entonces, te puedo decir que estoy orgulloso de ti y que te
quiero mucho.

Maria Moneta Ondó
Has estado presente desde mis comienzos literarios por la red en plataformas para principiantes y has arropado mi trabajo mucho antes de convertirme en quien soy para el público,infinitas gracias.

9 798869 384133